GUILLERMO MALDONADO

LA COSECHA DEL TIEMPO FINAL

PORQUÉ
DEBES LLEVAR
A LA GENTE A
CONOCER A JESÚS

Nuestra Misión
Llamados a traer el poder sobrenatural de Dios a esta generación

La cosecha del tiempo final
Primera Edición 2021

ISBN 978-1-61575-997-2

Director del Proyecto: Andrés Brizuela
Editor: José M. Anhuaman
Desarrollo Editorial: Gloria Zura
Diseño de Portada: Álvaro Flores
Traducido al Inglés por Vanesa Vargas
Ministerio Internacional El Rey Jesús
14100 SW 144th Ave. Miami, FL 33186
Tel: (305) 382-3171 - Fax: (305) 675-5770

Impreso en los Estados Unidos de América

La Cosecha de los Ultimos Tiempos - Book

ÍNDICE

INTRODUCCIÓN

Los últimos tiempos constituyen uno de los períodos más críticos que enfrenta nuestra generación. Los estamos viviendo ahora mismo. Aunque el mundo no lo reconozca, algo está sucediendo. La intensidad de la naturaleza está aumentando, la sociedad está cambiando, las enfermedades están mutando a velocidades peligrosas. En definitiva, todas las señales naturales apuntan a algo mayor que está a punto de ocurrir. La venida del Señor, el derramamiento del Espíritu Santo, los sacudimientos espirituales y naturales, y el avivamiento que vendrá a continuación. Todo esto es sólo el comienzo de lo que Dios ha prometido en Su Palabra. Como Su iglesia, es imperativo que no sólo permanezcamos vigilando y orando, sino que también estemos listos para preparar el camino para este gran despertar que estamos a punto de experimentar.

En el libro de Juan, Dios nos promete una gran cosecha. La más grande que jamás hayamos visto. Y aunque eso puede ser una buena noticia para algunos, a muchos les parece fastidioso y una carga pesada. Dios ama tanto a la humanidad que envió a Su Hijo a entregar Su vida por nosotros, para que con Su muerte recibiéramos la vida eterna. Hasta el día de hoy, Su corazón sigue latiendo por las almas. Por lo tanto, aunque los últimos tiempos se caracterizan por varias etapas, ésta es la más importante. Porque implica salir a rescatar a millones de personas que van rumbo al infierno, un lugar sin retorno. La cosecha de los últimos tiempos es la victoria final de Dios sobre el enemigo; con ella, él estará derrotado para siempre.

Desafortunadamente, los creyentes de hoy en día se están quedando atrás. Se han cansado a causa de las pruebas de este mundo, se han rendido, y peor, han perdido la fe. La iglesia, en lugar de intervenir como canal de transformación, ha adoptado las formas del mundo y se ha vuelto conformista. Apela a las emociones de las personas y las complace a fin de mantener sus templos llenos. La iglesia está destinada a ser una de las pioneras, en este tiempo final, en guiar a las personas a la salvación; sin embargo, muchas veces las ignora. No podemos permitirnos el lujo de seguir durmiendo, pasándola bien y creyendo que la gente no va a ir al infierno. Eso es lo que quiere el diablo, y se saldrá con la suya si no actuamos rápido.

Hoy, lo desafío a responder al llamado de Dios. El material de este libro está diseñado para empoderarlo como parte de la iglesia de Cristo de los últimos tiempos. La revelación con respecto a las lluvias naturales y espirituales, los diferentes etnos que nos rodean, y las herramientas que tenemos para recoger la cosecha, lo iluminarán para caminar con confianza en su entorno, más conscientes de lo que está sucediendo en el ámbito espiritual. Sí, Dios nos prometió una cosecha, pero también depende de nosotros que recojamos la cosecha y sea transformada en las manos del Señor. ¿Qué es la cosecha de los últimos tiempos? ¿Qué se espera que hagamos para recogerla? ¿Cómo nos movilizaremos para hacerlo? Las respuestas a esas preguntas se encuentran en las siguientes páginas.

Oro y declaro que este libro será tan útil para usted como lo fue para mí cuando Dios me dio la revelación para escribirlo. Como uno de los apóstoles de los últimos tiempos, es mi deber y deseo levantar la iglesia a su máximo potencial antes que Jesús regrese. Somos un solo cuerpo en Cristo. ¡Unámonos para tomar lo que Dios nos ha ordenado tomar! ¡Preparemos el camino para nuestro Rey que pronto regresa!

Bendiciones,

Apóstol Guillermo Maldonado
Pastor Principal del Ministerio El Rey Jesús

1

La cosecha de los últimos tiempos

En esta temporada Dios me ha dado la gran oportunidad de escribir varios libros acerca de la venida de Cristo y los últimos tiempos; estas son razones más que suficientes para vivir eternamente agradecido con Él. Previamente escribí acerca del pronto regreso de Jesús. También sobre el mayor avivamiento de todos los tiempos, que es el derramamiento del Espíritu Santo, el cual provocará un sacudimiento global. Ahora, en este libro que tiene entre sus manos, pretendo dar a conocer todo lo que el Espíritu Santo me ha revelado acerca de la última gran cosecha de almas, que ya comenzó, y continuará hasta que Cristo venga por Su iglesia.

Cuando Jesús terminó Su obra en la tierra, durante Su primera venida, ascendió al cielo a reinar con el Padre. Antes cumplió lo que nos había prometido, enviarnos al Espíritu Santo. (Vea Juan 16:7). Ese primer derramamiento del Espíritu de Dios sobre la tierra provocó un antes y un después en la historia de la humanidad. Miles y miles de personas recibieron a Jesús como Señor y Salvador y, desde entonces, el mensaje de salvación no ha cesado de transmitirse de generación en generación.

Hoy, estamos a las puertas de Su segunda venida, y una de las señales de que esto está a punto se suceder es el último gran derramamiento del Espíritu Santo sobre la tierra, el cual está provocando la más grande cosecha de almas que jamás se haya visto. ¡Aún mayor que el primer derramamiento! Es el cumplimiento de todas las profecías bíblicas. Es el tiempo de la lluvia temprana y la lluvia tardía, juntas, aquí y ahora. *"Vosotros también, hijos de Sion, alegraos y gozaos en Jehová vuestro Dios; porque os ha dado la primera lluvia a su tiempo, y hará descender sobre vosotros lluvia temprana y tardía como al principio"* (Joel 2:23).

■ La lluvia temprana y la tardía

Cuando el pueblo hebreo salió de Egipto, recibió instrucciones específicas de Dios acerca de cómo entrar en la tierra prometida. El Señor prometió darles la lluvia temprana y la tardía si obedecían Su Palabra. *"Si obedeciereis cuidadosamente a mis mandamientos que yo os prescribo hoy, amando a Jehová vuestro Dios, y sirviéndole con todo vuestro corazón, y con toda vuestra alma, yo daré la lluvia de vuestra tierra a su tiempo, la temprana y la tardía; y recogerás tu grano, tu vino y tu aceite"* (Deuteronomio 11:13-14). ¿Por qué Dios usó la metáfora de la lluvia? La clave está en el hecho de que en Oriente Medio, debido al vasto desierto, la lluvia sigue siendo un artículo de lujo. Israel recibía dos tipos de lluvia, la "lluvia temprana" y la "lluvia tardía". La primera caía al final del verano, y la segunda en invierno, entre los meses de marzo y abril. Esta lluvia era torrencial, y su propósito era ablandar el suelo y prepararlo para el proceso de la cosecha.

Sin embargo, hay tiempos —tanto en el ámbito natural como en el espiritual— en los que Dios cierra los cielos. En el caso de Israel, hubo varios períodos de inclemente sequía, y esto se debió al castigo recibido por servir a otros dioses. En la ley de Moisés, Dios había dejado claro que no toleraría la idolatría: *"Guardaos, pues, que vuestro corazón no se infatúe, y os apartéis y sirváis a dioses ajenos, y os inclinéis a ellos; y se encienda el furor de Jehová sobre vosotros, y cierre los cielos, y no haya lluvia, ni la tierra dé su fruto, y perezcáis pronto de la buena tierra que os da Jehová"*

(Deuteronomio 11:17-16). Asimismo, a lo largo de los siglos, ha habido temporadas de sequía espiritual, en las que ha sido muy difícil predicar el evangelio del reino y ver las almas venir a Cristo. Hoy, estamos viviendo una temporada donde el Espíritu Santo se está derramando como nunca; con ambas lluvias, la temprana y la tardía juntas.

■ La lluvia en la Escritura

Según la Biblia, la lluvia representa dos cosas:

- Bendición y
- Juicio

La Escritura nos enseña que en Israel la falta de lluvia era atribuida a un juicio divino. La sequía era una señal que mostraba que los cielos estaban cerrados y la bendición de Dios no fluía. Cuando los cielos se cerraban sobre Israel, el pueblo sabía que el próximo año no les sería favorable; que la tierra no daría frutos y pasarían hambre. Entonces, los profetas señalaban el pecado y llamaban al pueblo al arrepentimiento, para que Dios los perdonara y sanara su tierra. *"Si se humillare mi pueblo, sobre el cual mi nombre es invocado, y oraren, y buscaren mi rostro, y se convirtieren de sus malos caminos; entonces yo oiré desde los cielos, y perdonaré sus pecados, y sanaré su tierra"* (2 Crónicas 7:14).

Hoy en día, en este tiempo final, también aparecen en el plano espiritual estas dos lluvias: la temprana y la tardía. Estos son los días en que la multiplicación, abundancia y bendición vendrán sobre las personas si los cielos están abiertos sobre sus vidas. Estos son los días de incremento. Todas las cosas están en su plenitud, rebosantes, desbordantes, porque la lluvia del Espíritu Santo las ha preparado. Esta es la estación de los desbordes naturales y sobrenaturales. *"Entonces dará el Señor lluvia a tu sementera, cuando siembres la tierra, y dará pan del fruto de la tierra, y será abundante y pingüe; tus ganados en aquel tiempo serán apacentados en espaciosas dehesas"* (Isaías 30:23).

La lluvia hace que la semilla germine y produzca fruto; si no cae la lluvia, la cosecha se perderá.

Asimismo, cuando el juicio de Dios viene sobre la tierra ésta no produce fruto. A menudo vemos que esto ocurre en naciones donde la idolatría es más generalizada y por tanto su territorio sufre el juicio de Dios. *"Guardaos, pues, que vuestro corazón no se infatúe, y os apartéis y sirváis a dioses ajenos, y os inclinéis a ellos; y se encienda el furor de Jehová sobre vosotros, y cierre los cielos, y no haya lluvia, ni la tierra dé su fruto, y perezcáis pronto de la buena tierra que os da Jehová"* (Deuteronomio 11:16-17).

Traslademos esto a occidente. Durante el año 2020, la temporada de huracanes en la zona del Caribe ha sido la peor de su historia. Se registraron treinta tormentas con nombre propio, de las cuales trece alcanzaron fuerza de huracán (ciclón tropical con vientos máximos sostenidos de más de 119 km por hora, acompañados de fuertes lluvias); y varios tocaron tierra causando desastres en diferentes países de la zona (México, Estados Unidos, República Dominicana, Haití, Bermudas, Cuba, Nicaragua, Honduras, Guatemala y Colombia).

El Instituto Mundial de Recursos (World Resources Institute) informó por su parte que, entre las siete peores sequías ocurridas recientemente alrededor del mundo, se cuentan la de Australia, España e India (este último es el país donde el agua subterránea disminuye más rápidamente que en ninguna otra parte del planeta[1]). Asimismo, hablando de sequías, la Nueva Red del Clima (Climate New Network) advierte que, si las cosas están mal ahora, en los años venideros van a empeorar. Esta comunidad mundial de expertos en medio ambiente establece que si bien es cierto que las lluvias caerán, no lo harán dónde y cuándo las necesitamos. [2]

---

[1] https://www.wri.org/blog/2015/06/global-tour-7-recent-droughts
[2] https://climatenewsnetwork.net/the-wetter-world-ahead-will-suffer-worse-droughts/

Tanto a nivel natural como espiritual, debemos entender que la cosecha depende de la lluvia; si no hay lluvia tampoco hay cosecha. Por eso, en la palabra de Dios, junto con la promesa de la lluvia encontramos implícita una promesa de cosecha. La lluvia representa la bendición de Dios y siempre está bajo Su control soberano. La falta de lluvia, tanto natural como espiritual, es una señal de juicio divino debido al pecado y la desobediencia del hombre. Para ser redimidos de ese juicio necesitamos arrepentirnos del pecado, la idolatría, la rebelión y la separación de Dios como Padre, Señor y Creador. *"Entonces [dice Dios] yo oiré desde los cielos, y perdonaré sus pecados, y sanaré su tierra"* (2 Crónicas 7:14).

■ Qué representa la lluvia proféticamente

Proféticamente hablando, la lluvia representa el derramamiento del Espíritu Santo, así como el avivamiento y el despertar espiritual viniendo sobre el mundo. En Hechos 2:1-4 vemos que la lluvia temprana comenzó con la venida del Espíritu Santo el día de Pentecostés. Ahora, estamos entrando en la lluvia tardía, porque es el final de la fiesta de Pentecostés.

A comienzos de la década de 1900, en Topeka, Kansas, un estudiante recibió el bautismo del Espíritu Santo, y esto dio inicio al avivamiento más grande la historia: el avivamiento de la calle Azusa, que comenzó en abril de 1906 y duró hasta 1915, aunque sus efectos siguen sacudiendo al mundo. En medio de esa lluvia espiritual ocurrieron los milagros, señales y maravillas más poderosos que el mundo haya visto. Después de eso han sucedido otras lluvias esporádicas. Podemos decir que la lluvia tardía comenzó a caer a principios de 1900 y continúa cayendo en este nuevo milenio, tanto en la iglesia como en el mundo. Hoy en día, los creyentes empoderados con el Espíritu Santo se han multiplicado y abarcan un cuarto de la comunidad cristiana; aunque las proyecciones anuncian que llegará a un tercio para el año 2050. Recientes estadísticas muestran que los países con mayor cantidad de creyentes llenos del poder del Espíritu Santo son Brasil, Estados Unidos y Nigeria.[3]

El propósito principal de la lluvia o el derramamiento del Espíritu Santo es recoger la cosecha de almas de los últimos tiempos. Sin embargo, la iglesia ha abusado del propósito del avivamiento; de hecho, es evidente que muchos ni siquiera han entendido tal propósito. La intención del derramamiento del Espíritu Santo no es formar un club social o grupos élite. Tampoco es para que a la gente se le erice el pelo, llore o caiga al piso; sino para recoger la cosecha final de almas. Pentecostés sin que haya cosecha de almas, no tiene sentido. La lluvia, el Espíritu Santo, el avivamiento o el derramamiento del Espíritu de Dios es dado con el propósito de cosechar almas. ¡No debemos olvidar esto! Dios le dijo a Israel: *"Yo daré la lluvia de vuestra tierra a su tiempo, la temprana y la tardía; y recogerás tu grano, tu vino y tu aceite"* (Deuteronomio 11:14). La obediencia a Dios trae bendición, pero la desobediencia trae juicio y castigo. Israel pasó tiempos de sequía, hambruna y crisis por serle infiel a Dios. Su corazón estaba muy ocupado atendiendo otros dioses y en franca rebeldía contra el Padre. ¡No cometamos el mismo error! *"No obstante, este pueblo tiene corazón falso y rebelde; se apartaron y se fueron. Y no dijeron en su corazón: Temamos ahora a Jehová Dios nuestro, que da lluvia temprana y tardía en su tiempo, y nos guarda los tiempos establecidos de la siega"* (Jeremías 5:23-24).

■ Qué representa la cosecha proféticamente

Estamos viviendo ahora la plenitud de los tiempos, donde veremos la manifestación de la cosecha de almas del tiempo final, que es la más grande que este planeta jamás haya visto. La razón es que estamos entrando en la temporada de la lluvia tardía que, unida a la temprana, provocarán el mayor derramamiento del Espíritu Santo, desde el ocurrido en Hechos, hace más de dos mil años. Éste será el último antes de la venida de Cristo.

---

[3]https://religionnews.com/2020/02/25/spirit-empowered-christianity-is-one-of-the-fastest-growing-global-movements-new-study-shows/

En el Nuevo Testamento leemos: "*Por tanto, hermanos, tened paciencia hasta la venida del Señor. Mirad cómo el labrador espera el precioso fruto de la tierra, aguardando con paciencia hasta que reciba la lluvia temprana y la tardía. Tened también vosotros paciencia, y afirmad vuestros corazones; porque la venida del Señor se acerca*" (Santiago 5:7-8). Como vemos, el clímax de todos los tiempos es la venida del Señor; y Él solo puede volver cuando la cosecha haya sido levantada. Por lo tanto, en el plano profético, la cosecha final de almas es la señal que apunta directamente a la segunda venida de Jesucristo. Primero viene la lluvia tardía —avivamiento o derramamiento del Espíritu Santo—; segundo, la cosecha del tiempo final; y tercero, la venida del Señor.

> *La cosecha es la consumación de la plenitud de los tiempos y las edades, la cual termina con la venida del Señor.*

■ Cosecha madura y obreros verdes

Si la iglesia entendiera el propósito del avivamiento y obedeciera la Palabra de Dios, es muy posible que en esta década veamos la cosecha del tiempo final. "*Y todo aquel que invocare el nombre de Jehová será salvo; porque en el monte de Sion y en Jerusalén habrá salvación, como ha dicho Jehová, y entre el remanente al cual él habrá llamado*" (Joel 2:32). Desafortunadamente, hay algo que puede impedir que veamos la mayor cosecha de almas en esta década; y es que muchos aún están durmiendo mientras es tiempo de cosechar; siguen cantando coritos en la iglesia, pero desconectados del tiempo que vivimos. "*El que recoge en el verano es hombre entendido; el que duerme en el tiempo de la siega es hijo que avergüenza*" (Proverbios 10:5). El gran engaño del enemigo en estos últimos tiempos es hacer creer a los cristianos que no es tiempo de cosechar; que pueden seguir pasándola bien, sin ocuparse de aquellos que aún no conocen a Jesús. ¡La cosecha está madura, pero los obreros aún están verdes! No han llegado a la madurez espiritual de conocer su propósito para esta hora en la temporada final de la iglesia. Por eso, Jesús dijo: "*...A la verdad la mies es mucha, más los obreros pocos. Rogad, pues, al Señor de la mies, que envíe obreros a su mies*" (Mateo 9:37-38).

Una de las mayores carencias que tiene la iglesia en los tiempos finales es la de obreros que ayuden a recoger la gran cosecha. Esto se debe a que depende de la voluntad humana salir a las calles, ya que cada quien está ocupado en sus propios asuntos. Por eso, la respuesta a la oración para que Dios envíe más obreros es la lluvia tardía, el mayor derramamiento del Espíritu Santo que se haya visto en la historia de la humanidad.

> *El avivamiento viene para empoderar a los cosechadores para que vayan a segar.*

■ La realidad espiritual de los últimos tiempos

Para poder predicar el evangelio con gran convicción y efectividad, tenemos que entender los tiempos que estamos viviendo. "*También debes saber esto: que en los postreros días vendrán tiempos peligrosos*" (2 Timoteo 3:1). Estos son tiempos de gran influencia demoniaca, la oscuridad cubre la tierra, la maldad del hombre está en su punto más alto, las señales del tiempo final anunciadas en la Biblia están siendo cumplidas ante nuestros ojos.

La iglesia primitiva entendía que el tiempo era corto. Ellos predicaron el evangelio como si Jesús viniera ya; predicaron con el temor de Dios y con la urgencia de alguien que sabe que el tiempo se acaba. Su mensaje no era de consuelo, sino de confrontación; era un llamado al arrepentimiento. Cuando la gente se salvaba lo hacía de corazón, porque entendía que lo que estaba recibiendo era la verdad no diluida ni adulterada; era una perla de gran precio. (Vea Mateo 13:45-46). ¡El evangelio era predicado con integridad, justicia y demostración de poder! Hoy, las cosas han cambiado. El predicador promedio predica el evangelio sin llamar al arrepentimiento; así la gente no puede ser transformada. La mayoría de las iglesias predican un evangelio dedicado a complacer los gustos de los asistentes, un evangelio de tolerancia, de autoayuda, que no produce cambios. No hay poder para suplir las necesidades del pueblo, porque el poder sigue al evangelio del reino. ¡Jesús regresa pronto! Este mensaje debe producir un sentido de urgencia en las personas. Debería llevar a la gente a arrepentirse y apartarse de sus malos caminos. ¡Tenemos que predicar con pasión y urgencia porque no hay mañana!

■ Dios llama al arrepentimiento

El mayor llamado que el Espíritu de Dios hace hoy a la humanidad —y que ha hecho a través de los siglos— es al arrepentimiento, a dejar el pecado y volverse a Él de todo corazón. Arrepentirse es dar un giro de 180 grados y cambiar nuestro rumbo de manera radical. Significa alejarse del pecado y de todo lo que le desagrada a Dios: iniquidades, mentiras, transgresiones, injusticias y la perversión moral; es abandonar lo malo y comenzar a caminar en dirección a Dios. El arrepentimiento está ligado a la voluntad del hombre, por eso es considerado un permiso que el hombre le da a Dios para intervenir en su vida. *"Así que, arrepentíos y convertíos, para que sean borrados vuestros pecados; para que vengan de la presencia del Señor tiempos de refrigerio"* (Hechos 3:19).

El arrepentimiento es un cambio genuino y sincero de mente y corazón. Quiere decir que la evidencia del verdadero arrepentimiento es la transformación del creyente. En otros términos, todo cambio verdadero comienza con el arrepentimiento.

> *El tiempo se acaba; es hora de responder al llamado de Dios para arrepentirnos.*

■ La cosecha está lista

"¿No decís vosotros: Aún faltan cuatro meses para que llegue la siega? He aquí os digo: Alzad vuestros ojos y mirad los campos, porque ya están blancos para la siega" (Juan 4:35). Después del sacudimiento que el mundo viene sufriendo (crisis económica global, moral, sanitaria, climática, etcétera), el corazón de la gente por fin está abierto para recibir el evangelio. *"Porque así dice Jehová de los ejércitos: De aquí a poco yo haré temblar los cielos y la tierra, el mar y la tierra seca; y haré temblar a todas las naciones, y vendrá el Deseado de todas las naciones; y llenaré de gloria esta casa, ha dicho Jehová de los ejércitos. Mía es la plata, y mío es el oro, dice Jehová de los ejércitos. La gloria postrera de esta casa será mayor que la primera, ha dicho Jehová de los ejércitos; y daré paz en este lugar, dice Jehová de los ejércitos"* (Hageo 2:6-9). Cuando la gente no sabe qué hacer ni dónde ir, entonces busca a Dios. Por eso, Dios usa las crisis para llamar la atención de la humanidad y llevarla a reconocer Su necesidad de salvación.

No puede haber una prédica efectiva del evangelio sin un sacudimiento que abra y prepare el corazón de la gente. Un ejemplo de esto fue lo que vimos posteriormente al ataque a las torres gemelas del World Trade Center, el 11 de septiembre de 2001. Después de ese trise episodio que cobró la vida de miles de personas y sacudió los cimientos de la sociedad americana, mucha gente acudió a las iglesias en busca de consuelo, respuestas divinas y salvación. En muchos otros países, los ataques terroristas han llevado a la gente a buscar a Dios. Las catástrofes climáticas también han provocado crisis que han llevado a la gente a acercarse al Señor. Actualmente, la crisis que golpea al mundo se llama Coronavirus. Esta pandemia está haciendo que la gente tenga miedo, viva en incertidumbre y obtenga cero respuestas, lo que los lleva a correr a las iglesias, porque ni la ciencia ni los gobiernos han demostrado eficiencia para actuar correctamente. ¿Cuál será la próxima crisis que hará que el ser humano se vuelva a Dios? La realidad innegable es que las crisis son cada vez más masivas, de mayor impacto e imposibles de manejar. Esto se debe a que hemos entrado en la temporada del tiempo final y todo se acelera ante la inminente venida del Hijo de Dios.

¡La cosecha está lista! El mundo está confundido, deprimido, herido, solo, enfermo, sin Dios, sin fe y sin esperanza. Dice la Escritura que *"al ver [Jesús] las multitudes, tuvo compasión de ellas; porque estaban desamparadas y dispersas como ovejas que no tienen pastor"* (Mateo 9:36). Alguien tiene que ir a predicarles el evangelio. Los cristianos necesitamos tener visión para divisar la cosecha del tiempo final. "Y del templo salió otro ángel, clamando a gran voz al que estaba sentado sobre la nube: *Mete tu hoz, y siega; porque la hora de segar ha llegado, pues la mies de la tierra está madura"* (Apocalipsis 14:15). Como ministerio, estamos comprometidos con la visión divina de la cosecha. Usamos cada herramienta y recurso que Dios ha puesto en nuestras manos (dinero, libros, radio, TV, redes sociales) para predicar el evangelio y levantar la cosecha; y esa misma pasión que nos mueve a nosotros anhelo inculcársela a usted, para que también salga decidido a recoger la cosecha de los últimos tiempos.

> *La voluntad de Dios es que nadie perezca; por eso, la tarea más alta de la iglesia es la evangelización del mundo.*

Dios ama a la gente. ¡Él envió a Su Hijo Jesucristo a morir por la humanidad! Él quiere que todos seamos salvos. *"El Señor no retarda su promesa, según algunos la tienen por tardanza, sino que es paciente para con nosotros, no queriendo que ninguno perezca, sino que todos procedan al arrepentimiento"* (2 Pedro 3:9). Vivimos tiempos donde todo se ha vuelto global, y la tecnología está ayudando a hacer esto posible. Con los dedos sobre nuestro teléfono o al comando de nuestra voz, somos capaces de recorrer el mundo en segundos. Lo que Estados Unidos decide afecta al mundo entero; lo que cualquier otro país hace afecta a las demás naciones; hasta los pueblos más pequeños se ven afectados por los vaivenes de la economía y la salud global. La COVID-19 y muchas de las más recientes enfermedades son prueba de esto. ¡Estamos viendo cómo un virus originado en China está causando desastres en el mundo entero!

El Señor Jesucristo les enseñó a Sus discípulos a pensar en el mundo; les infundió una mentalidad global, de reino. Él los instruyó para que predicaran el evangelio de manera masiva, hasta llegar a lo último de la tierra. Cuando la iglesia nació, el Señor nos dio un mandato, ir al mundo entero, comenzando por nuestro entorno personal (Jerusalén), para luego expandirnos a lo más cercano (Judea), y finalmente, alcanzar el mundo (lo último de la tierra). Hoy en día, la globalización que la tecnología ha hecho posible nos permite llevar el evangelio del reino a más lugares y a más gente que nunca en la historia de la humanidad.

Puedo comprobar esto en mi propio ministerio. Los mensajes que predico tocan, sanan y transforman a miles de personas en Estados Unidos, África, India, Europa, Asia y América Latina al mismo tiempo. Cientos de milagros ocurren alrededor del mundo cada vez que salimos en vivo a través de la internet. Personas a quienes quizá nunca hubiéramos conocido se conectan con nosotros a través de las diferentes redes sociales y medios de comunicación para recibir de Dios. A diario nos llegan sus testimonios. ¡Estamos llegando hasta lo último de la tierra! *"Pero recibiréis poder, cuando haya venido sobre vosotros el Espíritu Santo, y me seréis testigos en Jerusalén, en toda Judea, en Samaria, y hasta lo último de la tierra"* (Hechos 1:8). Lamentablemente, esto no está sucediendo en todos los ministerios. Es necesario que la iglesia de Cristo, en su totalidad, despierte y comience a prepararse para recoger la gran cosecha de almas de los últimos tiempos.

Si la iglesia de Cristo no ha sido efectiva hasta ahora es porque solo vive encerrada en las cuatro paredes físicas que la limitan; no piensa en términos de expansión ni de globalización. Se ha limitado a actuar dentro de las fronteras de Jerusalén, como les pasó a los discípulos de Jesús. El diablo quiere que la iglesia se quede metida dentro de sus cuatro paredes para que el evangelio del reino no se globalice. La iglesia primitiva tuvo que sufrir una terrible persecución para que los discípulos se atrevieran a salir de los límites de la ciudad y el mensaje de Dios comenzara a esparcirse por todo el mundo conocido en aquel tiempo. Luego de ese sacudimiento, la sociedad de aquel entonces supo del poder del Cristo vivo. Por eso, el sacudimiento debe comenzar por la casa de Dios, para que los cristianos despierten y vayan por el mundo a predicar a Cristo. ¿Qué más necesita conocer la iglesia para dejar los templos e inundar el mundo con el evangelio del reino?

■ La realidad del infierno

La iglesia tiene que entender que el infierno es real y que cada día van a ese lugar miles de personas, sin retorno. ¡Debemos salir a predicar el evangelio del reino, con urgencia, a fin de evitar que millones de almas vayan al infierno por la eternidad! La Biblia dice que Dios "es" amor (vea 1 Juan 4:16), queriendo significar que Él es la fuente original del amor y todo lo que hace es resultado de Su amor. Dios ama al pecador, pero odia el pecado. El mayor engaño que el diablo le hace creer a la humanidad es que el infierno no es real. Sin embargo, Jesús dio Su propia vida para que vivamos juntamente con Él en lugares celestiales, y no terminemos en el infierno. Esta es una de las razones por las cuales predico el evangelio, a tiempo y fuera de tiempo, por todo el mundo.

En Mateo 25:41 Jesús afirma que el "fuego eterno [fue] preparado para el diablo y sus ángeles". La venganza del diablo es arrastrar con él a la mayor cantidad posible de seres humanos. Jesús habló más del infierno que del cielo, y Su consejo para evitar ir a parar a ese lugar de castigo eterno fue muy enfático: "*Si tu mano te fuere ocasión de caer, córtala; mejor te es entrar en la vida manco, que teniendo dos manos ir al infierno, al fuego que no puede ser apagado, donde el gusano de ellos no muere, y el fuego nunca se apaga*" (Marcos 9:43-44). El cielo es un lugar temporal; pero el infierno, como vimos antes, es eterno.

La profeta Glenda Jackson tuvo una visión del infierno en 1979 y vio cosas terribles. Ella cuenta que un ángel la llevó allí y que todo lo que hacían era descender hacia un lugar que no tenía fin. Cuenta que el olor era insoportable y que la gente ardía sin cesar. Glenda vio allí, expresidentes, cantantes famosos, incluso predicadores.[4]

> *Cualquiera que entienda la realidad del infierno testificará de Jesús.*

Conclusión

El tiempo final está marcado por gigantescas crisis, la globalización de todas las cosas y la mayor actividad espiritual que el mundo haya conocido. Hoy en día se mueven sobre la tierra espíritus demoniacos que nunca habían estado. Sin embargo, debemos recordar que el Espíritu Santo también se está derramando con una intensidad nunca vista antes. "*Y en los postreros días, dice Dios, derramaré de mi Espíritu sobre toda carne, y vuestros hijos y vuestras hijas profetizarán; vuestros jóvenes verán visiones, y vuestros ancianos soñarán sueños*" (Hechos 2:17). Él se está derramando para que la gente vea el poder de Dios y crea; pero también se está derramando para empoderar a los cosechadores del tiempo final. Toda persona que sale a recoger la cosecha de los últimos tiempos necesita ser bautizada en el Espíritu Santo y ser llena continuamente de Su poder. Además, la lluvia tardía está ayudando a madurar la cosecha para que ésta sea levantada antes que Cristo vuelva.

¿Está usted listo para el avivamiento del tiempo final? ¿Está disponible para ir por las almas? Este es un llamado al remanente, a ese pueblo que está velando y orando, esperando la dirección del Espíritu Santo. ¡Este es el momento! El día ha llegado y el Espíritu Santo está reuniendo a ese remanente que saldrá a recoger la cosecha del tiempo final. ¡Usted es parte del remanente! ¡Usted es

---

[4]http://www.onenewman.tv/2015/02/19/our-guest-glenda-jackson/

ese obrero por el que hemos estado orando a Dios! ¡Levántese y salga a predicar el mensaje del evangelio del reino! ¡Las señales lo seguirán! Ore conmigo:

"Amado Padre celestial, aquí estoy, en Tu presencia, respondiendo al llamado de Tu Santo Espíritu. Yo quiero ser ese obrero que Tú envíes a Tu mies para recoger la cosecha del tiempo final. Quiero ir a anunciar las buenas noticias de salvación a la gente que no te conoce, especialmente a aquellos están en crisis, dolor, esclavitud y temor. Empodérame con el derramamiento de Tu Santo Espíritu para llevar a las personas a arrepentirse de sus pecados y que crean en Ti. ¡Heme aquí, Señor, envíame a mí!".

■ Testimonios del tiempo final

Nausica Della Valle es una reconocida periodista italiana que vivió más de cuarenta años convencida de que era homosexual, hasta que una novia la llevó a la iglesia y tuvo un encuentro con Dios que transformó su vida para siempre. El siguiente es su testimonio:

"Antes de nacer, mi papá deseaba que yo fuera varón, pero nací mujer. En mi casa no conocí el amor; mis padres pasaban peleando y casi no había comunicación. Nunca tuve mucho diálogo con ellos. Mis dudas las consultaba fuera. Por ejemplo, ¿por qué me gustaban las chicas? Todos me decían que era normal, que había nacido así, y que el amor no tiene género. Crecí convencida de que Dios me había creado así. Muchos psicólogos dicen que la homosexualidad viene por falta de amor del padre con el hijo y de la madre con la hija. Creo que yo buscaba el amor que mi madre nunca pudo darme. Aunque no la culpo, porque ella misma no lo recibió de niña. Lo único que conseguí fue pasión sexual; porque el amor verdadero no lo conocí. Empecé a tener problemas de anorexia y bulimia, tabaquismo y alergias. La última novia que tuve, de padres cristianos, me llevó a la iglesia. Allí me sentí arrebatada por el gran amor de Dios. Sentí paz y una alegría fuera de lo común. Entonces, mi vida comenzó a cambiar. Me alejé de las amistades homosexuales y me bauticé. Dios me sanó de las alergias y me quitó el vicio del cigarrillo, sin siquiera

pedírselo. Su paz fue suficiente para borrar toda ansiedad. ¡Yo tenía fantasías como si fuera un hombre deseando a una mujer! Un día, en voz audible, Dios me dijo: "Yo creé al hombre y a la mujer; y todo lo que está fuera de Mi creación es un engaño de Satanás". En la Biblia leí que la homosexualidad es una abominación y viene de mentes perversas. Eso me hizo temblar de miedo. Entendí que si perseveraba en eso sería aliado de Satanás, y yo quería ser parte del reino de Dios. Oré a Dios y, en un instante me alejé de ese mundo. Dejé a mi novia y me quedé sola. La obediencia me liberó. El Señor me ha dado una nueva familia y mucha hambre por Su Palabra. Siete años más tarde, me siento muy bien; honrada por el llamado de Dios, por servirlo. Él me puso en primera línea en Italia para hablar de este tema. Puso en mi corazón un mensaje de amor al homosexual, para que entienda que Dios lo ama, pero no ama su pecado. No voy apuntando gente con el dedo acusador, más bien voy con Su gracia a quienes no lo conocen. Como periodista he escrito múltiples artículos sobre este tema para los medios más importantes de Italia (Mediaset, RAI y otros). Inspirada por el Espíritu Santo escribí el libro 'Es la verdad que me hizo libre' (que se puede encontrar en Amazon.com) el cual está recorriendo el mundo. Solo en Italia se han vendido miles de copias, y ya ha sido traducido a inglés y español. Ahora, la misión de mi vida es decirle al mundo la verdad, ¡que no se nace homosexual! Esa es una mentira del diablo. Dios nos ama y quiere darnos una vida plena en libertad".

Germán Landaeta es un ingeniero de sonido venezolano, ganador de un "Latin Grammy", quien llegó a Estados Unidos sin saber que su vida cambiaría radicalmente. Hoy es presidente de *Phaseland Studio* en Miami, aunque lo que más ama es servir a Dios con su talento para que otros conozcan al Señor.

"Cristo siempre ha ocupado un puesto principal en mi corazón, pero solo llegué a conocerlo realmente cuando llegué a los Estados Unidos. Soy Ingeniero de Sonido y he trabajado con los mejores músicos de mi país y Latinoamérica. En 2014 gané un premio Grammy por 'Best Engineered Album of the Year'. Mientras vivía en Venezuela, mi familia no estaba a salvo debido a las condiciones de inseguridad e incertidumbre político/económicas que atraviesa el país. En 2015,

mi esposa y yo decidimos mudarnos a los Estados Unidos. En una conversación con Cristo le dije: 'Señor, yo no tengo trabajo en Estados Unidos, ni siquiera tengo ofrecimientos; Te necesito'. Yo sentía en mi corazón que Él iba a preparar todo para mi llegada a este nuevo país. Poco antes de partir, un amigo músico me llamó para ver si quería conocer el Ministerio El Rey Jesús y, tal vez, ser parte del staff de ingenieros de sonido. Al llegar a Miami visité el Templo y hallé un mundo nuevo que no conocía. Yo venía de una familia católica y Cristo siempre fue nuestro centro. Sin embargo, fue aquí, y ya de adulto, que realmente conocí Su reino en plenitud. Aquí acepté a Jesús como salvador y Señor de mi vida. Los cambios para bien, a todo nivel, no han cesado desde entonces. Hoy soy mejor ser humano, mejor esposo, padre, hermano, amigo y profesional, y anhelo seguir sirviendo al reino y cumplir el propósito de Dios conmigo. Estoy muy agradecido por todas Sus bendiciones. También estoy orgulloso de todos los logros profesionales que Dios me ha permitido alcanzar, pero nada se compara con la plenitud que me da el servir en Su reino y llevar el evangelio de Cristo a través de mi profesión".

Wan nació en China y durante su crianza y educación universitaria, fue expuesta a un grupo de creencias que la llevaron a ser atea. Ahora, es una nueva criatura y testifica acerca de la verdad de Cristo. Este es su testimonio:

"Mi nombre es Wan y nací en China. Le agradezco a Dios por traerme al Ministerio El Rey Jesús y por usar al Apóstol Maldonado y su equipo de liderazgo para entrenar hijos e hijas espirituales para entrar en esta nueva temporada, llevando el poder y autoridad sobrenaturales. En China fui criada como atea. Me enseñaron que 'el hombre puede ganar el cielo por sí mismo'. Me enseñaron a tener 'fe en el yo'. También me enseñaron que debía luchar por la verdad. Yo hice un gran esfuerzo para ir de una pequeña aldea a las mejores universidades a fin de estudiar. Pero no podía encontrar el propósito de mi vida. Vine a América por curiosidad. Aquí, Dios tuvo misericordia de mí, me tocó y me convertí. Sin embargo, pronto me vi atrapada en la religión. Después de leer la Biblia, quise caminar como Jesús; no solo enseñando y predicando, sino también sanando al enfermo, echando fuera demonios, haciendo milagros, señales y

maravillas. De repente, sentí que había encontrado mi propósito en la vida. Visité muchas iglesias, pero no encontré ninguna que entrenara a los creyentes para eso. De hecho, algunos líderes me dijeron que estaba equivocada, otros me dijeron que los milagros ya no existían. Yo traté de seguir a Jesús con el poco conocimiento que tenía, pero estaba totalmente perdida, ya que tampoco tenía esperanza en la religión que me había llevado a creer que "cuanto más pobre, más santo". Estuve a punto de vivir en la calle. Cuando ya estaba dispuesta a aislarme en un lugar remoto y no pensar nunca más en Dios, llegué al Ministerio El Rey Jesús, en Miami. Ahí me entrenaron a caminar en el poder sobrenatural de Cristo Jesús. Mi mentalidad cambió de terrenal a celestial. Tuve la revelación de que mi fuente es mi Padre celestial y trabajo, no para hacer dinero, sino para tomar territorio. Dondequiera que voy, evangelizo y oro por los enfermos. Le agradezco a Dios por abrir mis ojos y dejarme ver la verdad. Fui completamente libre del espíritu de tradicionalismo, religiosidad y pobreza. He aprendido a confiar en Dios, orar, ayunar y sembrar, lo cual me ha llevado a tener más hambre por la Verdad. Ingresé a la Universidad del Ministerio Sobrenatural, donde he sido equipada para evangelizar y avanzar el reino con osadía. Dios me ha dado Su amor y me ha revelado Sus misterios".

2

Cómo levantar la cosecha

En los tiempos finales que vivimos, resulta ineludible volver a enfocarnos y hacer la voluntad de Dios, para que nuestra existencia sea fructífera. Tristemente, la iglesia de Jesucristo ha desviado el rumbo y ahora está ocupada haciendo cosas que Dios no le llamó a hacer. El nuevo enfoque debe comenzar por ver lo mismo que Cristo vio, que la cosecha está lista para ser levantada. "*¿No decís vosotros: Aún faltan cuatro meses para que llegue la siega? He aquí os digo: Alzad vuestros ojos y mirad los campos, porque ya están blancos para la siega*" (Juan 4:35). Sin embargo, hoy en día vemos con mayor frecuencia el traspaso de creyentes de una iglesia a otra, pero muy poca gente aceptando a Cristo por primera vez. Peor aún, el islam (la religión musulmana) ha venido creciendo en las últimas décadas y ya es la segunda religión del mundo con 1,900 millones de seguidores, lo que equivale al 24.9% de la población mundial. Se estima que para el año 2060 alcance el mismo porcentaje que el cristianismo en todo el mundo.[1]

[1]https://www.pewresearch.org/fact-tank/2017/04/06/why-muslims-are-the-worlds-fastest-growing-religious-group/

Dos son las razones por las que la iglesia no ha sido efectiva en su tarea de llegar hasta lo último de la tierra: 1) no ha entendido bien la misión de Cristo para ella y 2) no ama lo que Dios ama. "*Porque de tal manera amó Dios al mundo, que ha dado a su Hijo unigénito, para que todo aquel que en él cree, no se pierda, más tenga vida eterna*" (Juan 3:16). Dios ama tanto al mundo, que no dudó en enviar a Su Hijo unigénito a entregar Su vida por nosotros. En términos generales podemos decir que, la falta de pasión por el evangelismo obedece a una razón fundamental: la iglesia desconoce su propósito en la tierra. Por lo mismo, se ha distraído y confundido, pensando que su propósito es su propio bienestar, bendición, crecimiento y reconocimiento.

De ahí que se esmera en adornar hermosos templos, acoplar grupos de alabanza para que suenen bien, realizar enormes proyectos de ayuda social y levantar institutos de formación de pastores para liderar diversos grupos de creyentes. En medio de todos esos proyectos, el salir a ganar almas es apenas un pequeño plan que se pierde en las gavetas de un desfavorecido departamento de evangelismo. La iglesia ha olvidado que los cristianos estamos en el mundo, pero no somos del mundo; que aguardamos la venida de Cristo para reinar con Él; que debemos amar al pecador, pero no hacernos cómplices de su pecado; que debemos servir a la sociedad, pero no conformarnos a ella, "*sino transformaos por medio de la renovación de vuestro entendimiento, para que comprobéis cuál sea la buena voluntad de Dios*" (Romanos 12:2).

Hay varias cosas que debemos mejorar en la iglesia de hoy. Por ejemplo, le hemos enseñado al pueblo que no debe juntarse con la "gente del mundo"; pero de esta manera les estamos impidiendo que se relacionen. Nos aislamos tanto que ya no tenemos con quién compartir el evangelio del reino. Estamos de acuerdo en que no debemos "conformarnos" al mundo; es decir que no debemos tomar sus formas, adquirir sus hábitos ni apropiarnos de sus creencias. ¿Cómo vamos a predicarles a quienes necesitan oír el mensaje de salvación si no nos acercamos a ellos? La iglesia del primer siglo ya enfrentaba este problema, por eso Pablo les dice: "*¿Cómo, pues, invocarán a aquel en el cual no han creído? ¿Y cómo* *creerán en aquel de quien no han oído? ¿Y cómo oirán sin haber quien les predique?"* (Romanos 10:14). Olvidamos que Jesús, antes de ascender al cielo, nos dio una orden: *"Id por todo el mundo y predicad el evangelio a toda criatura"* (Marcos 16:15). Predicar el evangelio no es cuestión solo de hablar, sino de acercarse a quienes aún no conocen a Cristo, hablar con ellos, amarlos y servirlos. La Escritura nos muestra que Jesús siempre predicó con el ejemplo.

■ Qué no es la iglesia

Antes de definir qué es la iglesia, quisiera precisar qué no es la iglesia de Cristo. Al descartar lo que no es, nos quedamos con su verdadera esencia, y conoceremos su propósito.

- La iglesia no es un club social; aunque en el transcurso de su accionar los creyentes llegan a socializar y surgen actividades en común, pero ése no es su propósito original.
- La iglesia no es una entidad de beneficencia. Hacer el bien, ayudar a los huérfanos, viudas y gente en necesidad forma parte de la justicia que todo cristiano debe practicar, pero ése tampoco es el propósito principal del cuerpo de Cristo.

- La iglesia no es una organización política. Si bien debe militar y apoyar a hombres y mujeres que lleven los valores cristianos al nivel donde se toman decisiones de gobierno, su propósito no es dedicarse a la política.

- La iglesia no es una extensión del gobierno de un país. Aunque sabemos que la iglesia gobierna desde el ámbito espiritual —decretando en oración y gobernando con autoridad sobre la creación—, su propósito no es regir países en el ámbito natural.

- La iglesia tampoco es un negocio establecido con el fin de lucrarse o comprar el favor de Dios. Sin embargo, todo aquel que conoce los principios bíblicos —entre los cuales está la ley de la siembra y la cosecha— y los pone en práctica a través de la honra, diezmos, ofrendas, primicias, pactos, etcétera, es bendecido por Dios y sus finanzas prosperan. Pero, ése no es su propósito principal. La prosperidad no es más que una consecuencia de la vida cristiana, porque Dios es bueno, y nos da todas las cosas en abundancia.

El propósito de la iglesia es la idea original con la cual Dios el Padre la diseñó y Cristo la estableció. Su propósito es llevar el mensaje del reino a toda la humanidad y a todas las generaciones, para que seamos *"testigos en Jerusalén, en toda Judea, en Samaria, y hasta lo último de la tierra"* (Hechos 1:8). Nos queda mucho por entender acerca del propósito de la iglesia. Lo triste es que mientras no funcionemos en base a ese propósito, y nos entretengamos haciendo obras que no fuimos llamados a realizar, no seremos la auténtica iglesia de Cristo, la novia que está llamada a preparar el camino para el regreso del Señor.

■ La iglesia de Cristo y su misión en la tierra

- La iglesia de Cristo es la entidad legal del poder y autoridad de Dios en la tierra (Mateo 16:19; Hechos 1:8).
- Fue creada para que señoree en la tierra (Génesis 1:28).
- Reinará sobre la tierra, no en el cielo (Apocalipsis 5:10).
- Su misión es sanar y liberar en la tierra, pues en el cielo no hay pecadores, enfermos ni endemoniados (Mateo 12:15).
- Su tarea es anunciar las buenas nuevas de salvación a la tierra (Isaías 52:7).
- Nació para avanzar el reino de Dios con violencia por toda la tierra (Mateo 11:12).

■ La misión global de la iglesia

"Por tanto, id, y haced discípulos a todas las naciones, bautizándolos en el nombre del Padre, y del Hijo, y del Espíritu Santo" (Mateo 28:19). Como podemos ver, en este verso Jesús le da a la iglesia un mandamiento; no le hizo una invitación ni le dio una sugerencia,

sino que le confió una gran comisión. El Maestro les ordenó a Sus discípulos que fueran a todas las naciones. La palabra "nación" es la traducción de la palabra griega etnos, de donde deriva el término etnia, que alude a un grupo humano con afinidades raciales, lingüísticas y culturales.

Entre las claves para desarrollar una nación podemos mencionar: tener un mismo origen étnico y unificación cultural. Además, implica hablar un mismo idioma, tener tradiciones en común y ocupar un mismo territorio. También incluye mutua aceptación y compartir cosas en común; como valores, creencias, sentido de pertenencia y de participación conjunta en actividades comunes. La Biblia nos llama a los creyentes "nación santa"; quiere decir que conformamos una "etnia santa". "*Mas vosotros sois linaje escogido, real sacerdocio, nación santa, pueblo adquirido por Dios, para que anunciéis las virtudes de aquel que os llamó de las tinieblas a su luz admirable*" (1 Pedro 2:9).

> *La manera más efectiva de predicar el evangelio es empezar por nuestro etnos.*

Jesús nos envió a evangelizar, pero estableció ciertas prioridades que debemos respetar. "*...y me seréis testigos en Jerusalén, en toda Judea, en Samaria, y hasta lo último de la tierra*" (Hechos 1:8). Si leemos detenidamente, Jesús no dijo, vayan de misioneros al otro lado del mundo; sino que al enviar a Sus discípulos estableció una secuencia. La primera etapa era Jerusalén, lo cual nos indica que inicialmente debemos ir a nuestro entorno más cercano, a nuestra familia, o a nuestro etnos más íntimo; luego a Judea, que es un etnos más amplio, aunque sigue siendo conocido; después a Samaria, que podríamos llamarlo un etnos nacional; y por último, a lugares remotos, que equivale a ir a otras naciones u otros continentes, y es lo que Jesús llama "lo último de la tierra".

Si queremos ser efectivos en levantar la cosecha, primero tenemos que identificar nuestro etnos, y enfocarnos en él. Alrededor de donde vive cada uno de nosotros están nuestros familiares, amigos y colegas; además hay cientos de pequeñas comunidades que tenemos que alcanzar primero, antes de soñar en viajar a otras naciones. Algunos ejemplos de etnos son:

- **Nuestra familia:** padre, madre, hermanos, tíos, abuelos, primos, yernos, nueras, sobrinos, amistades cercanas, etcétera. La familia es nuestro etnos más cercano; es gente de nuestra misma cultura.

- **Medicina:** médicos, enfermeros, cirujanos, fisioterapeutas, etcétera. Ellos tienen su propio lenguaje, una manera muy particular de pensar, un vocabulario propio, conceptos de vida y hasta horarios muy particulares.

- **Leyes:** abogados, jueces, fiscales, personal administrativo, asistentes legales, etcétera. Ellos también tienen su propia manera de pensar y conceptos propios. Para alguien que no es abogado, suenan extraños, pomposos, exagerados y cuesta mucho comunicarse con ellos.
- **Negocios:** comerciantes, vendedores, exportadores, importadores, publicistas y más. Ellos también tienen su propio lenguaje, su manera de pensar, conceptos y términos propios. Cuando se sientan a hablar, si usted no un empresario o comerciante, le costará mucho entenderlos.

- **Educación:** maestros, profesores, estudiantes, catedráticos, directivos, etcétera. Ellos tienen su propio lenguaje, y sus propias líneas de pensamiento.

- **Gobierno:** presidente, ministros, diputados, senadores, asesores, gobernadores, alcaldes, diplomáticos, etcétera. No solo tienen una forma de pensar y hablar diferente, sino que su nivel de autoridad y poder los vuelve muy influyentes. Por eso es importante que haya cristianos en ese etnos, que puedan llevar la agenda de Dios a las esferas de gobierno local, estatal, nacional e internacional.

- **Carpinteros, electricistas, constructores, mecánicos, etcétera.** Cada oficio tiene una manera de pensar muy definida y utiliza términos específicos. Los carpinteros hablan de madera y clavos; en el lenguaje de los constructores es frecuente oír hablar de fundamentos, columnas y vigas; los mecánicos conversan de pistones, válvulas, motores, arranques, etcétera; un lenguaje que pocas personas entienden.

- **Deportes:** incluyen beisbolistas, futbolistas, nadadores, atletas de todo tipo. Ellos viven sometidos a una disciplina férrea, como pocos en el mundo. Sus temas de conversación se circunscriben a rutinas de entrenamiento, alimentación saludable, medicina deportiva, tácticas, estrategias, disciplina y más.

- **Medios de comunicación:** involucra, creativos, productores, comunicadores, sonidistas, ingenieros, actores, periodistas, guionistas, etcétera.

- **Ciencia:** incluye científicos, ingenieros, matemáticos, etcétera. Con ellos no puedes hablar diciendo "aleluya, amén". Ellos tienen una manera de pensar tan fría, que resulta extraña al resto de la gente. Su lenguaje no solo es distinto, sino que su perspectiva de la vida, y sobre todo de Dios, es muy particular.

- **Artes y entretenimiento:** aquí están incluidos los artistas, músicos, actores, compositores, cantantes, bailarines, pintores, dibujantes, escultores, novelistas, y gente afín a las artes. Por lo general son personas alegres, que viven del espectáculo; sus horarios son atípicos, y su filosofía de vida es diferente. A ellos no les puede hablar alguien que está fuera de su etnos; tiene que hablarles alguien que conozca su manera de pensar y de vivir.

El punto central en todo esto es que las personas se agrupan en diferentes etnos, dentro de los cuales comparten ideas, conceptos, lenguajes y costumbres muy particulares, que solo ellas entienden. Si queremos llevarles el mensaje de salvación, existe mayor probabilidad que lo reciban de alguien que pertenece a su mismo grupo, que hable su mismo lenguaje o que comparta sus ideas. Esa persona sabrá cómo hablarles porque conoce su naturaleza. Entonces, alguien ligado a la medicina evangelizará más fácilmente a médicos y enfermeros; los abogados sabrán cómo llegarles a otros abogados; los comerciantes a otros comerciantes; los mecánicos a sus colegas; y los carpinteros a personas de su mismo oficio.

Usted evangelizará más efectivamente en su etnos; es decir donde vive, en el ambiente en que se desenvuelve. Los jóvenes evangelizarán mejor a otros jóvenes porque conocen su lenguaje; ése es su etnos. Solo un joven sabe por lo que pasa otro joven; conoce lo que le gusta, lo que le atrae, y en qué áreas de su vida tiene más necesidad de Dios. Eso no significa que estamos limitados a evangelizar solo en nuestro etnos, pero tenemos que comenzar por ahí, porque es donde seremos más efectivos; luego podemos ir a las naciones.

> *La iglesia está llamada a alentar a los creyentes a cruzar de un etnos a otro, a fin de llegar hasta lo último de la tierra.*

■ La cosecha está lista

Vivimos en pleno siglo XXI. La iglesia debería estar lista para cruzar la línea de un etnos a otro, sin problemas, ya que es necesario levantar la más grande cosecha de almas de los últimos tiempos. Si ya evangelizamos nuestro etnos más cercano, debemos cruzar la línea para ser de bendición en un ámbito multicultural. Debemos acercarnos y compartir el evangelio, con demostraciones del poder sobrenatural de Dios, con aquellos que están enfermos, deprimidos, empobrecidos; independientemente del etnos al que pertenezcan. Esa es la razón por la cual El Rey Jesús hace más de una década dejó de ser una iglesia hispana para convertirse en una iglesia multicultural. No queremos que nadie se quede fuera, sino que todos procedan al arrepentimiento (vea 2 Pedro 3:9). Cristo alcanzó todos los estratos de la sociedad de Su tiempo: médicos, pescadores, comerciantes, prostitutas, recaudadores de impuestos, militares, gobernantes, religiosos. A todos los impactó, no solo con el evangelio del reino, sino con Su ejemplo; y ése es el modelo que debemos seguir.

La mies está lista, y nosotros también deberíamos estar listos para recogerla. Ya no valen excusas como, "es que ellos no están listos", "es que son muy duros", "es que no quieren recibir", "es que el esposo no la deja", "es que la esposa es la que manda", "es que los hijos son rebeldes", etcétera. Hoy, al igual que ayer, Jesús nos sigue recordando que ya es tiempo de cosechar. "*¿No decís vosotros: Aún faltan cuatro meses para que llegue la siega? He aquí os digo: Alzad vuestros ojos y mirad los campos, porque ya están blancos para la siega*" (Juan 4.35). Eso lo dijo Jesús hace más de dos mil años; quiere decir que a estas alturas el cultivo se "está pasando". Cuando la fruta se pasa del tiempo en que debe ser recogida, se pudre y huele mal. Lo mismo sucede con una cosecha de almas que no se levanta a tiempo. Me atrevo a decir que una de las causas que haya un gran número de prisioneros y prisiones es porque la iglesia no ha cosechado a tiempo. Muchos de los ladrones, asesinos y malhechores, simplemente son gente que "se pasaron de tiempo", que no pudieron ser transformados por el amor de Dios, porque no se les presentó el plan de salvación a tiempo.

■ Claves para levantar la cosecha

• Debemos orar por obreros

"*Entonces [Jesús] dijo a sus discípulos: A la verdad la mies es mucha, más los obreros pocos. Rogad, pues, al Señor de la mies, que envíe obreros a su mies*" (Mateo 9.37-38). En la Biblia, la palabra "Señor" (con mayúscula) se usa para referirse a Dios, la autoridad suprema. Dios es el dueño de la cosecha; Él la plantó y la maduró. Lo único que tenemos que hacer nosotros es ir a recogerla. Sin embargo, al mirar los enormes campos que ya están listos y el número de cosechadores, nos damos cuenta que no somos suficientes. Es tiempo de dejar de orar para que Dios traiga almas; y empezar a orar para que Dios traiga más obreros dispuestos a salir a recoger la cosecha de los últimos tiempos. ¡Necesitamos más cosechadores! El Espíritu Santo llamará y empoderará a los que vengan en respuesta a esa oración.

En el mismo versículo aparece otra palabra importante que es "enviar". Este verbo es la traducción del griego ekbalo, que significa lanzar, soltar, echar, empujar, impulsar, liberar. Entonces, cuando oramos a Dios por obreros, le estamos pidiendo al Señor que empuje, o lance a los creyentes a salir apasionadamente a recoger la cosecha.

La iglesia no ha sido efectiva en la evangelización porque ha estado orando por almas en lugar de orar por obreros. No estamos orando ni evangelizando correctamente. Según David Kinnaman, presidente de Barna Group, actualmente, una de cada cinco iglesias está en riesgo de cerrar sus puertas de manera permanente, como resultado de las cuarentenas ordenadas por los gobiernos para contener la pandemia del Coronavirus. Si bien muchas iglesias han reabierto y reanudado sus servicios, menos gente está asistiendo, lo cual tiene un impacto en sus finanzas.[2] Sin embargo, está comprobado que cuando la iglesia obedece el mandato de Cristo, la provisión viene y las actividades de la iglesia se pueden sostener. De hecho, ésta es una de las señales que siguen a la predicación del evangelio.

• Necesitamos ser movidos por el amor

Y al ver las multitudes, tuvo compasión de ellas; porque estaban desamparadas y dispersas como ovejas que no tienen pastor. — Mateo 9:36

La motivación detrás de ganar almas para Cristo debe ser el amor; la misma clase de amor que motivó a Jesús a tomar nuestro lugar en la cruz. Cada milagro y sanidad que Él hizo fue por amor, y cada alma que rescató también fue conquistada por Su amor. Cuando el

---

[2]https://outreachmagazine.com/resources/research-and-trends/59661-research-1-in-5-churches-may-close-due-to-pandemic.html

diablo ve el amor de Dios, ve Su poder, y huye derrotado. El amor es el canal perfecto para el poder de Dios.

Sabiendo esto, Jesús les dio instrucciones precisas a Sus discípulos diciendo "Por camino de gentiles no vayáis, y en ciudad de samaritanos no entréis" (Mateo 10:5). En aquel tiempo, judíos, gentiles y samaritanos no se llevaban bien. Jesús entendía que no se puede ganar a alguien a quien no se ama, porque no hay compasión por esa persona; por eso, para llegarle a los gentiles, tiempo después, eligió a Pablo, Bernabé y otros más.

> *No se puede ganar para Cristo a alguien a quien no se ame. En verdad, su amor será probado al salir a evangelizar*

Jesús amaba a los gentiles, pero sabía que Sus discípulos aún no estaban listos para ganarlos para el reino. Hay gente que quiere salir a evangelizar, pero tienen un corazón resentido, lleno de racismo, falta de perdón, ofensas y amargura. De esa manera es imposible avanzar el reino. Si siente odio, desprecio o es racista, no importa lo que haga, no podrá ganar almas para Cristo. Por eso Jesús envió a Sus discípulos primero a su etnos —a la comunidad judía— porque conocían su cultura y sabían cómo pensaban. No los envió a los gentiles porque tenían muchos prejuicios contra ellos. Para poder llevarles el mensaje de arrepentimiento y salvación, primero tenían que cruzar la línea del odio y el prejuicio, y llegar a amarlos con el mismo amor con que Cristo nos amó. El Señor quiere que usted cruce hoy la línea de su cultura para ir a ganar almas a otros etnos. Antes, necesitamos orar al Señor de la cosecha, para que nos revista de amor por los diferentes etnos —razas, nacionalidades, ideologías, profesiones, lenguajes, religiones y culturas—. Sólo así podremos impactar esos etnos.

Estoy seguro que ahora entiende cómo en los últimos años Dios lo ha venido preparando para ir al mundo. Si no ha cruzado la línea es porque usted ha elegido quedarse con los de su raza, nación, cultura, etnia, profesión, lengua, nacionalidad, color o género; y esto ha limitado su influencia. Ha estado trabajando en Jerusalén; a lo sumo ha llegado a Judea, pero no ha ido hasta lo último de la tierra. Sin embargo, usted no es el único; lo mismo le pasó a Pedro. Él quedó atrapado en su mundo y su cultura. Su mentalidad judía lo limitó. Pensó que la salvación y el derramamiento del Espíritu Santo era solo para Israel y no para el resto del mundo. Este apóstol recibió la llenura del Espíritu, habló lenguas, pero no abandonó sus prejuicios hacia los gentiles.

Por otro lado encontramos a Pablo, quien no anduvo con Jesús, pero a quien el Señor llamó a ser apóstol; y el Espíritu Santo lo apartó y envió a predicar el evangelio del reino a los gentiles. Pablo estaba listo para ir al mundo. Él fue quien cruzó la línea de su etnos, por primera vez, para que el evangelio penetrara en otras culturas.

Me he hecho a los judíos como judío, para ganar a los judíos; a los que están sujetos a la ley (aunque yo no esté sujeto a la ley) como sujeto a la ley, para ganar a los que están sujetos a la ley; a los que están sin ley, como si yo estuviera sin ley (no estando yo sin ley de Dios, sino bajo la ley de Cristo), para ganar a los que están sin ley. Me he hecho débil a los débiles, para ganar a los débiles; a todos me he hecho de todo, para que de todos modos salve a algunos. Y esto hago por causa del evangelio, para hacerme copartícipe de él. —1 Corintios 9:20-23

Así como Pablo cruzó la línea sin conformarse a los gentiles, sino trayendo a los gentiles a la salvación, yo puedo decir que tuve que pasar por un proceso similar. Cruzar la brecha cultural que separa las cuatro paredes de la iglesia local, para ir al ámbito desconocido y multicultural que impera en las naciones de la tierra, no es tarea fácil. Dios me dijo: No puedes recoger la cosecha de almas de países que no amas. Hoy puedo decir que ¡con Su gracia y Su favor, día a día, mi equipo y yo lo estamos logrando!

■ Conclusión

La iglesia no ha sido suficientemente diligente para obedecer el mandato de Cristo de ir a evangelizar el mundo, comenzando por nuestra propio etnos: casa, vecindario, ciudad o país. Según el sitio Bible.org, el 95% de los cristianos no ha ganado una sola alma para Cristo. El 80% no testifica de manera consistente. Menos del 2% se involucra en el ministerio de evangelismo. El 71% no colabora para financiar el cumplimiento de la Gran Comisión.[3] El apóstol Pablo fue un hombre que supo obedecer ese mandato; por eso impactó su generación, a tal punto que, de pie ante el rey Agripas, le narró cómo Jesús se le apareció cuando iba camino a Damasco y cómo fue el llamado que le hizo: "*Pero levántate, y ponte sobre tus pies; porque para esto he aparecido a ti, para ponerte por ministro y testigo de las cosas que has visto, y de aquellas en que me apareceré a ti, librándote de tu pueblo, y de los gentiles, a quienes ahora te envío, para que abras sus ojos, para que se conviertan de las tinieblas a la luz, y de la potestad de Satanás a Dios; para que reciban, por la fe que es en mí, perdón de pecados y herencia entre los santificados. Por lo cual, oh rey Agripa, no fui rebelde a la visión celestial*" (Hechos 26:16-19). A través de sus cartas sabemos que Pablo no solo fue obediente a ese llamado, sino que se convirtió en uno de los predicadores más prolíficos entre los apóstoles, fundó más iglesias que ningún otro y escribió 13 de los 27 libros del Nuevo Testamento.

El reto de hoy para usted es: ¿Será obediente al llamado y la visión que Dios le ha dado? ¿Será un obrero enviado por Dios para recoger la cosecha de los últimos tiempos? ¿Está dispuesto a orar para que haya más obreros en los diferentes etnos? ¿Su obediencia está motivada por el amor o porque quiere ser visto por los hombres? Jesús fue movido por el amor y fue obediente hasta la muerte. Usted está llamado a continuar la obra que Jesús hizo mientras estuvo en la tierra; usted es Su embajador plenipotenciario —envestido con plenos poderes por el Espíritu Santo— para llevar a muchas

---

[3]https://bible.org/illustration/evangelism-statistics

personas al arrepentimiento y la salvación. Esta tarea no puede esperar hasta mañana. ¡El tiempo es hoy!

■ Testimonios de los últimos tiempos

Cumpliendo con nuestra comisión de llevar el evangelio del reino al mundo entero, hemos ido a Etiopía, al Este de África, unas seis veces. El objetivo de nuestra misión ha sido empoderar al liderazgo y llevar el mensaje a ese punto de la tierra. Solo en los últimos tres años nuestro fruto ha sido: setecientos mil creyentes activados en lo sobrenatural, un millón de personas recibieron a Cristo como Señor y Salvador, mil doscientos personas testificaron haber recibido un milagro y un millón seiscientos mil personas fueron bautizadas en el Espíritu Santo.

El sueño de hacer un Encuentro Sobrenatural en Etiopía nació en el corazón de Dios, y desde 2011 hasta ahora hemos regresado casi anualmente. Para 2017 esperábamos una concurrencia de un millón de personas. Luego de meses de planeación e inversión de mucho dinero, arribamos a Etiopía junto a mi hijo espiritual el Apóstol Tamrat Tarekegn. Muchos líderes de iglesias de cobertura en África llevaban meses orando y ayunando por este encuentro. La obra de Dios comenzó en Abbis, Ababa, donde más de seis mil líderes fueron activados en una nueva dimensión de lo sobrenatural. Como apóstol, activé a los líderes para que operen en milagros, señales y maravillas, para alcanzar a la mayor cantidad de gente en los días que duraría el encuentro. Mientras eso ocurría, en la ciudad de Hawassa, también tenían encuentros con Dios. El día del evento, la atmósfera se preparaba con alabanza y adoración, la multitud que aguardaba desde temprano —incluyendo niños y ancianos— estaba expectante; muchos estaban trepados en muros y árboles para poder tener una mejor vista del evento. Cuando hicimos el llamado, unas 650.000 personas le entregaron su vida a Cristo, y muchas fueron libres de ataduras demoniacas.

Vimos incontables milagros. Entre ellos, recuerdo el de una jovencita paralítica de nacimiento. Ese día, pudo caminar por primera vez. Otra mujer, llevaba cinco años con parálisis nerviosa y tampoco podía caminar; pero cuando el poder de Dios la tocó pudo caminar. ¡Dios creó nervios nuevos para ella! Un joven de 25 años, que había nacido sordomudo, ahora puede hablar gracias al poder de Dios. Vimos todos los milagros del reino manifestados en ese encuentro. ¡Un gran avivamiento está ocurriendo en la nación de Etiopía! Un millón trescientas mil personas fueron salvas y activadas en el poder sobrenatural de Dios. Registramos 370 milagros, 650.000 conversiones y un millón de bautismos en el Espíritu Santo. En 2019, volvimos para ser testigos de lo que Dios había hecho con la siembra realizada en los años anteriores. El apóstol Tamrat nos recibió diciendo: "Etiopía es un país muy difícil para realizar un encuentro de estos. Por la gracia de Dios, la generación joven está aceptando el mover del Espíritu, y la llegada del Apóstol Maldonado nos ha ayudado muchísimo. El primer año, el impacto fue muy grande; el segundo fue mayor; y ahora más, porque él es conocido desde la iglesia hasta el palacio. Estoy a la expectativa de que la activación se expanda por toda Etiopía". Además, nos contó que un joven cristiano estaba en camino a ser el Primer Ministro del país. La gente nos dijo que tres años antes, el cristianismo era visto como una cosa religiosa, pero ahora hay un avivamiento y los etíopes estaban empezando a conocer a Dios. Los que asistieron a ese último encuentro, vivieron una experiencia transformadora. El Espíritu Santo comenzó a moverse por aquel lugar; oramos para activar y movilizar a cada apóstol, profeta, evangelista, pastor, maestro y creyente. Hoy, el apóstol Tamrat puede contar los frutos: "las iglesias han logrado implementar la visión de evangelizar, afirmar, discipular y enviar, que es el proceso de El Rey Jesús. No solo se han ganado almas, sino que ya se está discipulando. Tenemos incontables testimonios". Dios se está moviendo en Etiopía y estamos a la expectativa de ver la gran cosecha y un gran avivamiento que sacuda esta nación.

El apóstol Edgar Ortuño, de Bolivia, llegó a nuestro ministerio hace más de 10 años con 300 miembros en su iglesia. Recibió nuestra cobertura y fue activado en lo sobrenatural y en evangelismo (entre muchas otras áreas). En poco tiempo alcanzaron los 3.000 miembros. Comenzamos a hacer encuentros sobrenaturales en su país y, cada vez que íbamos, el crecimiento daba un salto exponencial. Hoy tiene iglesias hijas en su país y en el extranjero; además de otras que están bajo su cobertura. Cada vez que he desafiado al apóstol Ortuño, él ha respondido con todo su pueblo y Dios se ha glorificado aumentando gente salva y transformada a su iglesia. Hoy tienen más de cuarenta iglesias bajo cobertura y 39 iglesias hermanas. La última vez que tuvimos un encuentro sobrenatural en Bolivia, lo volví a desafiar para crear un movimiento de evangelismo antes del encuentro, y lo hicieron. Luego nos contó este testimonio: "*Cuando el apóstol nos hizo ese desafío, sabíamos que no era algo que pudiéramos hacer en nuestras fuerzas. Así que, entramos en un tiempo de ayuno y oración de cuarenta días. Entonces, salimos con 800 evangelistas por toda Bolivia a ganar almas, con poder y autoridad, sanando a los enfermos, liberando a los cautivos y cosechando almas para el reino de Dios. ¡Nos movilizamos! Y para el día del encuentro, tuvimos al menos 350.000 personas rindiendo su vida a Cristo. ¡Gloria a Dios!*".

3

La movilización de la iglesia

Vivimos una época en que las conferencias cristianas se han hecho muy populares alrededor del mundo. En ellas se enseñan principios bíblicos, se instruye sobre cómo vivir mejor la vida de fe, cómo edificar una familia conforme al corazón de Dios o cómo alcanzar el éxito en el liderazgo. En algunas de ellas, Dios manifiesta Su poder a través de milagros y el mover de Su Santo Espíritu. Sin embargo, al finalizar la reunión, cada quien regresa a sus quehaceres y se olvidan de lo principal: movilizar a la iglesia para salir a recoger la gran cosecha que Jesús nos dice que "ya está lista para la siega". Los retos no trascienden las cuatro paredes de la iglesia. Los pastores solo se reúnen para socializar, pero no para movilizar al pueblo. Jesús nos enseñó que todos en el reino deben ser movilizados, tal como Él mismo lo hizo con Sus discípulos. No podemos darnos el lujo de tener personas inmovilizadas, porque el juicio de Dios vendrá sobre nosotros. Es más, todos seremos juzgados por el Señor si nos sentamos en el templo a calentar las bancas, ya que el mandato de Jesús fue "id". El regreso de Jesús está próximo y Él vuelve por una iglesia adiestrada, movilizada y lista para arrebatarle a Satanás las almas que quiere llevarse al infierno.

Toda conferencia de avivamiento debe terminar movilizando a los creyentes para alcanzar al perdido.

¿Qué significa movilizar? Aunque parezca obvio, quiero definir este término. En el ámbito natural "movilizar" es poner algo en movimiento o en actividad; es convocar las tropas para una batalla, alistarlas para entrar en acción. En lo espiritual no es muy distinto. Necesitamos poner al ejército de Dios en movimiento. ¡Listo para salir a recoger la gran cosecha de los últimos tiempos! Muchos han recibido enseñanzas, ministración y empoderamiento por años; han visto milagros, señales y maravillas; y siguen estancados en el mismo lugar. Se han quedado calentando las bancas por demasiado tiempo. ¡Es hora de movilizarlos! Tenemos que enseñarles, entrenarles, equiparles y empoderarles; pero también enviarles fuera a recoger la cosecha final. Nadie puede quedarse estancado. Dios le ha dado a cada persona al menos un territorio por conquistar. ¡Tenemos que ir a nuestro etnos a evangelizar y ganar almas!

■ La iglesia necesita movilizarse

Sabemos que la iglesia debe movilizarse para recoger la cosecha de los últimos tiempos; esto implica llevar el evangelio a todos los rincones del mundo. No obstante, extender el reino de Dios en la tierra incluye acciones adicionales a la sola predicación del mensaje del reino. Podemos verlo en el mandato de Jesús: *"Y les dijo: Id por todo el mundo y predicad el evangelio a toda criatura. El que creyere y fuere bautizado, será salvo; más el que no creyere, será condenado. Y estas señales seguirán a los que creen: En mi nombre echarán fuera demonios; hablarán nuevas lenguas"* (Marcos 16:15-17). Analicemos esta porción de la Escritura para ver las distintas áreas donde debemos movilizar a los creyentes:

• El evangelismo

"Y les dijo: Id por todo el mundo y predicad el evangelio a toda criatura" (v.15). Jesús no vendrá hasta que toda persona sobre la faz de la tierra haya tenido la oportunidad de escuchar el evangelio del reino. Para eso Dios nos ha dado diferentes medios de transporte —barcos, trenes, aviones y todo tipo de vehículos— los cuales unen puntos tan distantes a velocidades que nunca nos hubiéramos imaginado. Además, también nos ha provisto de diversos medios de comunicación electrónicos como la radio, televisión, teléfono e internet. Ahora, nada puede impedir que nos comuniquemos con el resto del mundo. Por eso, estamos a punto de ver la mayor cosecha de almas que este planeta haya visto jamás.

Debe haber una efectiva y continua movilización del ejército de Dios para levantar la gran cosecha de almas que ya está lista. *"¿No decís vosotros:*

Aún faltan cuatro meses para que llegue la siega? He aquí os digo: Alzad vuestros ojos y mirad los campos, porque ya están blancos para la siega" (Juan 4:35).

• La realidad del infierno

Uno de los mayores obstáculos por los cuales los cristianos no predican el evangelio con el denuedo necesario, es porque no están conscientes de la realidad del infierno. ¡Jesús sí lo estaba! Él habló más del infierno que del cielo, porque el infierno es un lugar de tortura eterna, del que no se puede salir. "*Y no temáis a los que matan el cuerpo, más el alma no pueden matar; temed más bien a aquel que puede destruir el alma y el cuerpo en el infierno*" (Mateo 10:28).

Para evangelizar al perdido necesitamos conocer la realidad del infierno.

Si no creemos en la realidad del infierno no podemos tener urgencia por ganar almas. De hecho, hay muchos predicadores que no creen en el infierno, y eso mismo le transmiten al pueblo. Esa es una de las razones por las cuales en sus congregaciones no hay compasión por las almas. En algunas iglesias, ni siquiera hacen el llamado para salvación. Como consecuencia, miles de personas están yendo al infierno cada segundo, antes que podamos alcanzarlos con el mensaje de la salvación. Por eso, debemos tomar el evangelismo con total seriedad y sentido de urgencia.

Debemos evangelizar como si el mañana no existiera.

Nuestra mayor responsabilidad antes de la venida de Cristo por Su iglesia es predicar el evangelio con sentido de urgencia, teniendo conciencia del infierno, porque no sabemos si al día siguiente estaremos vivos. No podemos quedarnos cómodos e inconmovibles mientras miles se pierden sin remedio cada día. Debemos ver a la gente como Dios la ve, y valorarla como Dios la valora. Debemos levantarnos cada mañana sabiendo que tendremos una cita divina con alguien que no ha reconocido a Jesús como su Señor y Salvador, para anunciarle las buenas nuevas de salvación. ¿Dónde lo encontraremos? En el trabajo, la oficina, la escuela, la universidad, la fábrica, el negocio, el restaurante, el vecindario, o en cualquier otro lugar donde Dios nos lleve. Aun mientras estamos de vacaciones podemos hallar a alguien que necesita oír una palabra de Dios. La compasión por su alma, el sentido de urgencia, saber que alguien puede pasar la vida eterna en el infierno, es lo que debe movernos. Quizá él o ella ni se den cuenta que el Señor quiere salvarlos, pero usted sí puede visualizar el destino de esas personas. Los imagina en un lugar de tormento eterno, y sabe que si Dios los trajo a usted, es porque puede evitar que se pierdan para siempre.

• **Los milagros**

"Y estas señales seguirán a los que creen: En mi nombre echarán fuera demonios; hablarán nuevas lenguas; tomarán en las manos serpientes, y si bebieren cosa mortífera, no les hará daño; sobre los enfermos pondrán sus manos, y sanarán. [...] Y ellos, saliendo, predicaron en todas partes, ayudándoles el Señor y confirmando la palabra con las señales que la seguían. Amén" (Marcos 16:17-18, 20). Cada creyente debe ser un hacedor de milagros en la iglesia. Cada uno debe ser entrenado para moverse en el poder sobrenatural de Dios. El evangelismo con milagros es la manera más efectiva de alcanzar al perdido, y también la más bíblica. La gente tiene necesidades que solo pueden ser suplidas por el poder divino; pero los milagros no siempre suceden de forma instantánea o inmediata; en muchos casos deben ser trabajados.

Uno de los errores que se comete a menudo en la iglesia de hoy es creer que los milagros eran solo para los primeros cristianos, o que Dios solo usaba a los apóstoles que estaban con Jesús y a nadie más. ¡Ese es un error! Los milagros siguen ocurriendo hoy, y cada creyente que tiene una relación personal con Cristo no solo puede, sino que debe obrar milagros en el nombre de Jesús. El Rey Jesús es prueba de eso; desde nuestros inicios, el poder sobrenatural de Dios se ha manifestado aquí con milagros cada vez más sorprendentes; y hemos visto a Dios actuar soberanamente en las imposibilidades de los hombres.

> *Toda actividad en la iglesia debe exaltar a Dios, predicando el evangelio con demostración de Su poder, por medio de milagros, señales y maravillas.*

Jesús fue aprobado por el Padre al demostrar Su poder sobrenatural. *"Varones israelitas, oíd estas palabras: Jesús nazareno, varón aprobado por Dios entre vosotros con las maravillas, prodigios y señales que Dios hizo entre vosotros por medio de él, como vosotros mismos sabéis"* (Hechos 2:22). Si Jesús como hombre necesitó ser aprobado por medio de milagros, nosotros también necesitamos la misma aprobación. La mayoría de creyentes ha visto milagros, pero no sabe cómo operarlos. Por eso, creo que los cristianos necesitan ser entrenados para moverse en el poder sobrenatural de Dios. Muchas veces el Señor obra milagros de manera soberana, otras veces debemos echar mano de nuestra fe; pero siempre vamos a necesitar el poder del Espíritu Santo. Jesús nos prometió: *"pero recibiréis poder, cuando haya venido sobre vosotros el Espíritu Santo, y me seréis testigos en Jerusalén, en toda Judea, en Samaria, y hasta lo último de la tierra"* (Hechos 1:8).

Si queremos conocer algunos principios importantes acerca de los milagros, lo primero que debemos saber es que el origen de los milagros es Dios mismo. Después que Jesús volvió del desierto lleno del Espíritu comenzó a predicar, enseñar, sanar a los enfermos y liberar a los cautivos por el diablo.

Otro principio que debemos conocer es que los milagros suceden en el ahora y requieren que la persona responda con un acto de fe inmediato. Veamos todo esto con un ejemplo bíblico. El capítulo 3 del libro de los Hechos nos muestra a Pedro y Juan subiendo juntos al templo a orar; al mismo tiempo era traído a las puertas del templo un hombre cojo de nacimiento para que pidiera limosna. *"Entonces él les estuvo atento, esperando recibir de ellos algo. Mas Pedro dijo: No tengo plata ni oro, pero lo que tengo te doy; en el nombre de Jesucristo de Nazaret, levántate y anda"* (Hechos 3:5-6). Como vemos, toda persona que anhela recibir un milagro debe mostrar su fe haciendo una acción correspondiente, porque los milagros están conectados al "hacer". *"Y tomándole por la mano derecha [Pedro] le levantó; y al momento se le afirmaron los pies y tobillos; y saltando, se puso en pie y anduvo; y entró con ellos en el templo, andando, y saltando, y alabando a Dios"* (vv. 7-8). Pedro sabía que el cojo debía responder inmediatamente a la palabra con una acción, por eso lo ayudó a levantarse; y no lo soltó hasta que entró caminando a darle gracias a Dios.

• Las riquezas

Durante siglos, la iglesia ha creído y predicado que mostrar signos de riqueza no es muy cristiano. Quienes así piensan confunden la humildad con la pobreza, sin tomar en cuenta que 2 Corintios 8:9 dice: *"Ya conocen la gracia de nuestro Señor Jesucristo, que, aunque era rico, por causa de ustedes se hizo pobre, para que mediante su pobreza ustedes llegaran a ser ricos"* (NVI). Esa falsa creencia ha detenido el avance del evangelio en muchas partes del mundo, porque se necesitan recursos para que la iglesia vaya a todos los rincones de la tierra a anunciar que la esclavitud del diablo ha terminado y ahora somos libres en Jesucristo. El pecado no está en obtener riquezas, sino en atesorarlas mezquinamente, en lugar de ponerlas al servicio del reino. En este tiempo final veremos cómo las riquezas de los impíos son transferidas a los justos, porque es una promesa de Dios. *"Porque al hombre que le agrada, Dios le da sabiduría, ciencia y gozo; más al pecador da el trabajo de recoger y amontonar, para darlo al que agrada a Dios"* (Eclesiastés 2:26).

El propósito de la transferencia de riquezas del último tiempo es financiar la cosecha final de almas.

Tenemos que movilizar a los empresarios para que salgan a tomar las riquezas de este mundo. Es tarea de todos aprender a hacer transacciones en las bolsas de valores, manejar divisas y negociar con criptomonedas. Todo lo conocido hasta ahora, en materia económica, está siendo sacudido. Algo completamente nuevo viene tomando lugar en la economía global. ¡Un gran colapso está a punto de suceder! *"Porque así dice Jehová de los ejércitos: De aquí a poco yo haré temblar los cielos y la tierra, el mar y la tierra seca; y haré temblar a todas las naciones, y vendrá el Deseado de todas las naciones; y llenaré de gloria esta casa, ha dicho Jehová de los ejércitos. Mía es la plata, y mío es el oro, dice Jehová de los ejércitos. La gloria postrera de esta casa será mayor que la primera, ha dicho Jehová de los ejércitos; y daré paz en este lugar, dice Jehová de los ejércitos"* (Hageo 2:6-9).

Esto es tan cierto que, incluso, hay guerra espiritual por las riquezas. Dos reinos están en conflicto y pelean tanto por los recursos como por las almas de los hombres. Vivimos un proceso de transición, donde la riqueza está siendo transferida de manos de los impíos a manos de los justos. La Biblia dice que *"El bueno dejará herederos a los hijos de sus hijos; pero la riqueza del pecador está guardada para el justo"* (Proverbios 13:22). La riqueza es la última fortaleza que está en manos del enemigo, pero pronto caerá. Cuando sea removida vendrá la aceleración; por eso debemos estar alertas para salir y arrebatar esos recursos para el reino. Poseer riqueza implica tener dominio. Hoy todo está siendo sacudido: los gobiernos, las instituciones, los países, los continentes. Ahora le toca el turno a la economía; y ya está sucediendo. Esto nos indica que debemos estar alertas y movilizar a los creyentes para cumplir el objetivo de Dios.

> *La riqueza es el último dominio que Satanás tiene sobre la tierra. La acumulación de dinero en manos impías es su estrategia para truncar el avance del reino de Dios.*

• La oración

Como iglesia tenemos que movilizar a todo el pueblo a orar. En los tiempos que vivimos, no podemos darnos el lujo de dejar de orar un día. Nuestra vida de oración debe ser incesante, constante y creciente; solo así estaremos listos para levantar la cosecha. En nuestro ministerio, llevamos años movilizando a los creyentes en oración. De hecho, hemos logrado establecer 24 horas de oración, siete días a la semana. El pueblo ora en el templo, en las casas y a través de los teléfonos.

> *La oración es uno de los pilares que sostienen el avivamiento.*

La oración siempre fue un pilar fundamental en nuestra casa, El Rey Jesús. Sin embargo, llegó un momento en que un grupo pequeño de personas unidas en oración, cada día, en el templo, ya no era suficiente para atender las necesidades de todo el pueblo. A raíz de la crisis y el sacudimiento global en esferas tales como la salud, la economía, los gobiernos, etcétera, la demanda se intensificó, por lo que decidí movilizar a nuestra iglesia local e internacional. Asumimos la responsabilidad de pararnos como cuerpo de Cristo, para orar e interceder ante Dios por nuestra tierra. Esto dio origen a un movimiento de oración en nuestro ministerio, el cual hoy en día supera las mil personas que oran simultáneamente, de forma presencial, a través del teléfono y por las redes sociales. Así cubrimos las 24 horas del día, los siete días de la semana. Como resultado, estamos siendo testigos de un gran avivamiento e innumerables milagros en diferentes países.

■ Activación

Querido lector, es innegable que estamos viviendo el tiempo final. Todas las señales están cumplidas o se están cumpliendo ante nuestros ojos. El Señor está llamando y reuniendo al remanente que prepara el camino para la venida del Hijo de Dios. Parte de esa preparación incluye la evangelización más grande de todos los tiempos. Por eso, Dios ha permitido el sacudimiento global de todas las cosas en las que el hombre confiaba, seguido de un avivamiento mundial y el derramamiento de Su Santo Espíritu, el cual trae convicción de pecado, arrepentimiento y salvación a la humanidad. En un mundo que no tiene respuestas para las crisis personales y sociales de este siglo, Dios sigue teniendo la solución. Él sigue siendo ancla de salvación, luz en la oscuridad, la única verdad ante las dudas, y roca fuerte ante los embestidas de nuestras debilidades y miedos. Hoy es tiempo de que llevemos este mensaje de arrepentimiento y salvación al mundo. Es tiempo de movilizarnos como parte del remanente de Cristo, en evangelismo, milagros, riquezas y oración. ¿Aceptará el desafío? ¿Será parte de ese remanente del tiempo final que recoja la más grande cosecha de almas que, de acuerdo con Jesús, ya está lista? ¡Este llamado es para mí y para usted! ¡Vamos a recoger la gran cosecha!

■ Testimonios de los últimos tiempos

En 2020, en plena pandemia de la COVID-19, nuestro ministerio realizó un Día Global de Oración, online, para todas las naciones. Miles de creyentes de todos los continentes se conectaron para orar y adorar a Dios, durante 24 horas continuas. Dios respondió desatando Su poder sobrenatural sobre muchas naciones.

El Rey Jesús es conocido por ser uno de los ministerios de mayor impacto en el mundo, y Dios nos usa con frecuencia para manifestar Su poder sobrenatural. Solo en los Encuentros Sobrenaturales, hemos cubierto el 75% de los países de la tierra, y entre 2015 y 2020 hemos presenciado y documentado más de trece mil milagros, en países tan distantes como Etiopía, Brasil, Malasia, Surinam, Chile, Ucrania, España, Finlandia, India, Italia, Taiwán, Pakistán, Honduras, y la lista continúa. En el año 2020, a raíz de la pandemia, Dios llamó a Su pueblo a buscar más profundamente Su presencia. Por esta razón organizamos un "Día Global de Oración", un evento totalmente en línea y en vivo, al cual se conectó gente de casi todas las naciones. Como apóstol anfitrión, desde Miami clamé a Dios, le pedí perdón por nuestros pecados y llamé a la iglesia al arrepentimiento, conforme a 2 Crónicas 7:14 que dice: *"Si mi pueblo, sobre el cual mi nombre es invocado, se humillara y orara y buscara mi rostro, y se volviera de sus malos caminos, entonces yo oiré desde el cielo, y perdonaré su pecado, y sanaré su tierra"*. En respuesta al clamor de la tierra, Dios desató avivamiento. Asimismo, naciones como India, Madagascar, Italia, Noruega, Ecuador, Sudáfrica, Brasil, Francia, Ecuador, Estados Unidos, Cuba, Puerto Rico, República Dominicana, Argentina, México, Myanmar, Egipto, El Salvador, Haití, España, Canadá, Alemania, Guatemala, Pakistán y muchas más, se unieron a predicadoras como Paula White, Patricia King, Cindy Jacobs, y otros apóstoles y profetas, para orar por Estados Unidos, para que el pueblo se arrepienta de sus malos caminos. Hubo milagros de sanidad, liberación, finanzas, familia, trabajo, etcétera. Esto produjo una reacción en cadena y provocó que el poder de Dios se moviera en todas las naciones durante la crisis de la COVID-19. Gracias a este evento que fue transmitido por internet, en vivo, pudimos llegar a 111 países en 6 continentes. Además, fue transmitido por 51 emisoras de radio y 28 cadenas de televisión en idiomas tan diversos como inglés, español, urdu, italiano, ahmeric, portugués, francés, ruso, y más. Al mismo tiempo, 420 iglesias lo retransmitieron a través de sus redes sociales, alcanzando 647 mil personas. Todo esto significa que potencialmente logramos unir a 300 millones de personas alrededor del mundo, por 24 horas, para adorar a Dios; y que en un mismo día pudimos ver una de las más grandes siembras y cosechas de este tiempo, cuyos frutos seguiremos cosechando en los años por venir.

El pastor Hiubert Zamora es un evangelista ordenado por el Ministerio El Rey Jesús; y aquí nos cuenta su testimonio de lo que ha visto a Dios hacer, tanto en Miami como en México.

"Hace un par de años, el pastor Jan Núñez y yo fuimos a evangelizar a México, a una de las iglesias bajo cobertura de El Rey Jesús. El último día —un domingo por la noche— pasamos por una plaza llena de gente. Pregunté qué pasaba allí, y el pastor del lugar me dijo que los domingos en la noche la gente se reunía en ese parque porque había payasos que hacían un pequeño show. Vi que tenían un micrófono y un parlante, así que les pedimos a los payasos que nos prestaran su micrófono por unos minutos para hablarles a las familias reunidas allí con sus niños. Predicamos el evangelio e hicimos el llamado de salvación. Unas trescientas personas fueron salvas aquella noche. Y no solo eso, también ministramos milagros, y la gente fue sanada al instante por el poder de Dios. ¡Parecía una cruzada de milagros! Los jóvenes de la iglesia bajo cobertura quedaron admirados por lo que pasó

y siguieron yendo regularmente al parque. La iglesia fue impactada y comenzó a crecer. Desde entonces, han abierto más iglesias; la ciudad también quedó asombrada porque vieron la demostración de lo que es la evangelización masiva. Tengo otro testimonio: El día de Halloween, aquí en Miami, es un día muy difícil porque hay mucha oscuridad espiritual. No obstante, siempre nos movilizamos ese día; vamos a los vecindarios cercanos a la iglesia, o a las zonas más difíciles de la ciudad como Wynwood, South Beach, Miami Beach, Coconut Grove. Donde quiera que se realice un evento de Halloween ahí estamos. Entramos a bares, negocios de psíquicos y más. La última vez que fuimos, ganamos dos mil personas para Cristo. Dios obró milagros, liberaciones, todo tipo de sanidades (escoliosis, dolor de espalda, condiciones de la vista, de los huesos, de la piel); también liberó a gente adicta a las drogas, con depresión, ansiedad y miedos. Este año, la celebración cayó en plena pandemia y todos los festivales estaban cancelados; pero nosotros salimos de todos modos. Con nuestras máscaras puestas y guardando la distancia social, fuimos a South Beach, donde ganamos ochocientas almas para Cristo. ¡Fue una gran cosecha bajo estas circunstancias especiales! Pudimos ver la gloria de Dios, Su amor y Su poder manifestados, por gracia y compasión hacia el perdido".

Acerca del autor

El Apóstol Guillermo Maldonado es el pastor principal y fundador del Ministerio Internacional El Rey Jesús, en Miami, Florida, una iglesia multicultural, considerada como una de las de más rápido crecimiento en los Estados Unidos. El Ministerio El Rey Jesús está fundado en la Palabra de Dios, la oración y la adoración, y actualmente tiene una membresía de más de veinticinco mil personas en los Estados Unidos, incluyendo la iglesia principal en Miami, sus sedes, iglesias hijas y la iglesia en línea. El Apóstol Maldonado también es padre espiritual para más de 400 iglesias en 60 países, incluyendo Estados Unidos, América Latina, Europa, África, Asia y Nueva Zelanda, las cuales forman la Red Global Sobrenatural, que representa a más de 705 mil personas. Asimismo, es fundador de la Universidad del Ministerio Sobrenatural (USM). La edificación de líderes de reino y las manifestaciones visibles del poder sobrenatural de Dios distinguen a este ministerio, así como el número de sus miembros que constantemente se multiplica.

El Apóstol Maldonado es un escritor con récord de ventas a nivel nacional, que ha escrito y publicado más de 50 libros y manuales, muchos de los cuales han sido traducidos a otros idiomas. Entre sus libros más recientes podemos mencionar *Jesús regresa pronto, Creados para un propósito, Oración de rompimiento, Ayuno de rompimiento, Una vida libre de estrés, Cómo caminar en el poder sobrenatural de Dios, La gloria de Dios, El reino de poder, Transformación sobrenatural, Liberación sobrenatural, Encuentro divino con el Espíritu Santo* y *Sacudimiento y avivamiento de los últimos tiempos*, todos los cuales están disponibles en inglés y español. Además, predica el mensaje de Jesucristo y Su poder redentor en su programa internacional de televisión, *Lo sobrenatural ahora*, que se transmite en Daystar, Church Channel y otras 50 cadenas de TV, que alcanzan e impactan potencialmente a más de 2 mil millones de personas en el mundo.

El Apóstol Maldonado tiene un doctorado en consejería cristiana de Vision International University y una maestría en teología práctica de Oral Roberts University. Él y su familia viven en Miami, Florida.

www.ingramcontent.com/pod-product-compliance
Lightning Source LLC
LaVergne TN
LVHW010545100826
845148LV00013B/2614